NACHGETRETEN

DER COMIC

CHRISTOPH HÄRRINGER

NACHGETRETEN

DER COMIC

DAS BESTE AUS DEM FUSSBALLJAHR 2006

stiebner

Umschlaggestaltung und alle Illustrationen Innenteil:
Christoph Härringer, www.nachgetreten.com

Bibliografische Information Der Deutschen Bibliothek
Die Deutsche Bibliothek verzeichnet diese Publikation in der Deutschen Nationalbibliografie;
detaillierte bibliografische Daten sind im Internet über http://dnb.ddb.de abrufbar.

1. Auflage 2006

Gesamtherstellung: Stiebner, München
Printed in Germany
ISBN-10: 3-8307-1672-9
ISBN-13: 978-3-8307-1672-3

www.stiebner.com

Übrigens: in den Anfangsbuchstaben der Nachnamen der Köpfe auf dem Vorsatz/Nachsatz ist der Name eines deutschen Nationalspielers versteckt. Viel Spaß beim Suchen!

POSITIV DENKEN!
DFB
LEH-MANN

NACHGETRETEN DER COMIC

EIGENTLICH WOLLT' ICH JA GAR NICHT ZUM DFB. ABER WAS SOLLTE ICH SAGEN, WO MICH DER KLINSI SO NETT GEFRAGT HAT?
MIR WAR SCHON KLAR, DASS ICH DORT DAS MÄDCHEN FÜR ALLES BIN:
JOGI HIER, JOGI DA, KANNST DU MAL, HAST DU NICHT, MACH' MAL BITTE, SIEH MAL ZU.
MEINE FRAU SAGT, DAS KOMMT DAVON, DASS ICH ZU LIEB BIN UND NICHT NEIN SAGEN KANN.
ABER WAS VERSTEHT SCHON MEINE FRAU VOM FUSSBALL...
EIGENTLICH WOLLT' ICH JA GAR NICHT HEIRATEN, ABER WAS SOLLTE ICH SAGEN, WO SIE MICH SO NETT GEFRAGT HAT?

NACHGETRETEN DER COMIC
ALSO, KLINSMANN, HÖR MAL GUT ZU: ICH HAB DIR JA ALLES ZUGESTANDEN:
DU KANNST IN KALIFORNIEN WOHNEN BLEIBEN, WEIL DU DEN NÖTIGEN ABSTAND HABEN WILLST.
WIR HABEN DAS WM-QUARTIER NACH BERLIN VERLEGT, WEIL DU NÄHER DRAN SEIN WILLST.
GUT.
WIR HABEN DEN MAIER SEPP UND DEN RUTEMÖLLER RAUSGEWORFEN.
DAFÜR BEZAHLEN WIR FÜR JEDEN HOKUS-POKUS EINEN AMERIKANISCHEN EXPERTEN.
DIE NATIONALELF SPIELT IN ROT.
OKAY.
ABER AUCH WENN´S HUNDERTMAL DEIN SPONSOR IST: DIE SPIELER WERDEN NICHT STATT DER NATIONALHYMNE DIE MASTERCARD-ERKENNUNGS-MELODIE SINGEN!!!
IST DAS KLAR ???!!!
UND WENN SIE NUR DEN MUND BEWEGEN?

NACHGETRETEN DER COMIC

FRANKFURT AM MAIN, DFB-HAUPTQUARTIER
OJEOJE! SIEH DIR DIE SCHLAGZEILEN AN! DER KLINSMANN BRINGT DIE GANZE LIGA GEGEN SICH AUF!
KANN DER NICHT ETWAS DIPLOMATISCHER SEIN?!
Rangnick beklagt "Kommunikations-
Assauer fordert: Holt ihn heim
Dieter Hoeness: Klinsmann muss in Deutschland wohnen!
Beckenbauer: "Der Jürgen muss sich jetzt entscheiden!"
ACH, VON MIR AUS KANN ER NOCH EIN PAAR WOCHEN SO WEITERMACHEN.
?!
Klinsi: "Die sind doch alle nur neidisch!"
JA, SIEHST DU DENN NICHT, DASS DER RUF DES DEUTSCHEN FUSSBALLS AUF DEM SPIEL STEHT?!!
THEO, THEO... DU VERGISST, DASS ICH LANGE IN DER POLITIK WAR.
SOLANGE SIE ÜBER KLINSMANNS WOHNSITZ STREITEN...
...KOMMT DER SCHIEDSRICHTER-BESTECHUNGS-PROZESS NICHT AUF DIE TITELSEITEN!

Die »Wohnsitzdebatte« um Bundestrainer Klinsmann ist in vollem Gange

NACHGETRETEN
DER COMIC
DFB-KRISENGIPFEL: KLINSMANN GEHT AUF DIE BUNDESLIGA-BOSSE ZU!
WAS MEINEN WOHNSITZ ANGEHT, HABT IHR JA EIGENTLICH RECHT.
UND GLAUBT MIR: ICH HAB' DIE STÄNDIGE HIN- UND HER-FLIEGEREI SATT.
ABER SELBST WENN ICH MORGEN DAMIT AUFHÖREN WOLLTE - ES GEHT NICHT!
VIELLEICHT IST DAS DER SCHWABE IN MIR...
...ABER ICH HAB' IN DER GANZEN ZEIT SO VIELE MILLIONEN VIELFLIEGER-MEILEN ANGESAMMELT - DIE KANN ICH UNMÖGLICH VERFALLEN LASSEN!

NACHGETRETEN DER COMIC

DU, SCHWEINI, WIR WOLLTEN DOCH IMMER SCHON BEIM GLEICHEN VEREIN SPIELEN.
JA, POLDI, DAS WÄR' DAS GRÖSSTE!
HALT DICH FEST, ICH HAB' EINE ÜBERRASCHUNG FÜR DICH:
ICH HAB' BIS 2010 BEI BAYERN UNTERSCHRIEBEN!
WAS IST? FREUST DU DICH DENN GAR NICHT?!
ICH WOLLTE DICH ÜBERRASCHEN UND HAB' BIS 2010 IN KÖLN UNTERSCHRIEBEN.

NACHGETRETEN DER COMIC

WEIL DIE TÜRKISCHEN ZUSCHAUER BEI DER SCHWEIZER HYMNE PFIFFEN, ERWÄGT FIFA-PRÄSIDENT BLATTER, DIE NATIONALHYMNEN VOR LÄNDERSPIELEN GANZ ABZUSCHAFFEN.
JA, SEPP, BIST DU DENN NARRISCH?!
SO EIN BISSERL MUSIK VOR DEM SPIEL IST DOCH ETWAS SCHÖNES, ETWAS ERHEBENDES!
GANZ DEINER MEINUNG, FRANZ.
ABER SAG, WÄRE ES NICHT ERHEBENDER, STATT DIESER NATIONALISTISCHEN BARBAREI...
...DIE WOHL-KLINGENDEN MELODIEN UNSERER WERBEPARTNER ZU HÖREN?
?!
DAS... DAS IST GENIAL!
DAS HEISST, DU HAST DEN GANZEN WIRBEL NUR GEMACHT, UM...
ALLE ACHTUNG, SEPP! ICH HAB' DICH MAL WIEDER UNTER-SCHÄTZT!
DANKE, DANKE.
WAS MEINST DU? JA, NATÜRLICH KÖNNEN WIR AUCH DEINE PRIVATEN SPONSOREN BE-RÜCKSICHTIGEN.
ABER LASS UNS IN ZWEI JAHREN NOCHMAL ÜBER ALLES REDEN, WENN DU UEFA-PRÄSIDENT BIST.
DU WEISST JA: NICHTS IST UN-MÖÖG-LICH - FI-FA!

NACHGETRETEN DER COMIC

WEISST DU, MICHAEL, ANFANGS WOLLTE ICH JA DIESEN HUMMER GAR NICHT.
ICH HAB' IHN FÜR VERENA GEKAUFT, ZUM SHOPPING.
WAR GANZ SCHÖN TEUER - FAST EIN WOCHEN-GEHALT!
MIR WAR ER IMMER ZU UNHANDLICH, UND AUSSERDEM VERBRAUCHT ER UNMENGEN SPRIT. EIN ECHTER PANZER EBEN.
ACHTUNG!!!
ABER SEIT KLINSI MEHR EIGEN-VERANTWORTUNG FORDERT UND WIR AUF EIGENE FAUST ZU DEN LÄNDERSPIELEN ANREISEN MÜSSEN...
...WILL ICH NICHT MEHR DRAUF VERZICHTEN.
SAG' MAL, BRENNT DAS STADE DE FRANCE JETZT AUCH?
NEE, DAS IST NUR DAS FLUTLICHT.

In den Tagen vor dem Deutschland-Länderspiel wird Frankreich von schweren Unruhen erschüttert

NACHGETRETEN DER COMIC

ICH HAB´ EIN GUTES GEFÜHL FÜR HEUTE ABEND. DIE JUNGS SIND OPTIMAL AUF DIE FRANZOSEN EINGESTELLT.
HAB´ JA SCHLIESSLICH SELBST MAL IN MONACO GESPIELT.
WAR´NE SCHÖNE ZEIT.
ZWEI JAHRE, 65 EINSÄTZE, 3 MILLIONEN VERDIENT.
NATÜRLICH SCHWARZ.
ICH HAB´ AUCH IN MONACO GESPIELT.
EIN JAHR, 18 EINSÄTZE, 2 MILLIONEN VERDIENT.
NATÜRLICH SCHWARZ.
ICH... ICH HAB´ AUCH MAL IN MONACO GESPIELT.
DU??!
EIN ABEND, EIN EINSATZ, 100.000 AUF ROT. UND DANN KAM...
...NATÜRLICH SCHWARZ.

NACHGETRETEN DER COMIC

ICH MÖCHTE EINS KLARSTELLEN: ICH HABE NIE BEHAUPTET, DASS RUDI ASSAUER ALKOHOLIKER SEI.
ICH HABE NUR GESAGT, DASS ER WIE KEIN ANDERER DIE SCHALKER FARBEN VERKÖRPERT:
?
ER IST DIE MEISTE ZEIT DES TAGES **KÖNIGSBLAU.**

BAYERN-STÜRMER ROY MAKAAY HAT SEIT ÜBER 1000 MINUTEN KEIN TOR MEHR ERZIELT!
DAS WIRD SCHON WIEDER, ROY. DU DARFST NUR NICHT STÄNDIG DRAN DENKEN.
DU MUSST DEN KOPF FREI BEKOMMEN, ROY.
DAS SCHLIMMSTE WÄRE, WENN DU JETZT IMMER DRAN DENKST!
WENN ICH DIR EINEN RAT GEBEN DARF, ROY:
MACH´ DICH FREI IM KOPF, UND VOR ALLEM:
DENK NICHT DRAN!
DAS HABEN SIE JETZT DAVON...
ICH HAB´ IM GANZEN LEBEN NOCH NIE DEN KOPF SO VOLL GEHABT!

NACHGETRETEN DER COMIC

DIE GANZE NATION FRAGT SICH: BLEIBT MICHAEL BALLACK IN MÜNCHEN...
...ODER GEHT ER NACH MADRID, MAILAND ODER MANCHESTER?
KOMM SCHON, JUNGE!
WO SPIELST DU NÄCHSTES JAHR?
WIR KENNEN UNS DOCH SCHON SO LANGE.
GIB MIR EINEN KLITZE-KLEINEN HINWEIS!
BLEIBT AUCH UNTER UNS.
NA GUT, WALDI, WEIL DU ES BIST.
UND ES BLEIBT SICHER UNTER UNS?
JAA! JAA!
ALSO. DIE STADT, IN DER ICH NÄCHSTES JAHR SPIELE...
ES KLAPPT! ES KLAPPT! ER VERPLAPPERT SICH!
...BEGINNT MIT "M".

Und dann ging er doch zu Chelsea ...

DIE LETZTE WOCHE BESCHERTE UNS DIE VORZEITIGEN TRAINERWECHSEL NR. 298 UND 299* IN DER BUNDESLIGA.
WIR FRAGEN UNS: WO ERWISCHT ES DIE NUMMER
300
???
* QUELLE: DPA
ETWA IN KÖLN?
BLÖDSINN, WIR STEHEN FEST ZUM TRAINER. IN WOLFSBURG DAGEGEN...
QUATSCH, HIER IST ALLES IN ORDNUNG. SCHAUT LIEBER MAL NACH STUTTGART!
SCHON WIEDERRR STRUUUUNZ?!! WAS ERLAUBE STRUUUNZ?!!!
WENN ICH JETZT EINEN KOPFSTOSS SIMULIERE, IST ER FÄLLIG.

Gewonnen hat übrigens Holger Fach (Mitte), gefolgt von Uwe Rapolder (links) und Giovanni Trapattoni (rechts)

NACHGETRETEN DER COMIC

WEIHNACHTSZEIT - ZEIT DER VERSÖHNUNG! AUF SCHALKE...
SORRY, PROFESSOR, DAS MIT DEINER ENTLASSUNG IST IRGENDWIE SCHRÄG GELAUFEN...
DU BIST MIR DOCH NICHT BÖSE?
SCHWAMM DRÜBER, RUDI. ICH WAR DOCH SELBST SCHULD, MIT MEINER ALBERNEN "EHREN-RUNDE".
IN BERLIN-MOABIT...
ANTE, ES TUT MIR LEID! ICH WOLLTE JA NUR DIE SPIELE VERPFEIFEN UND NICHT DICH UND DEINE BRÜDER.
ACH, HOYZI, DAS BRAUCHT DIR DOCH JETZT NICHT LEID ZU TUN.
ERST SPÄTER, WENN WIR ALLE WIEDER DRAUSSEN SIND!
...UND SOGAR BEI DER NATIONALMANNSCHAFT!
WEISST DU, OLLI, DU BIST EINFACH EIN SUPER-TYP!
UND DU, JENS, BIST DER BESTE KEEPER...
...UND BEI DER WM STEHST DU IM DEUTSCHEN TOR!
AAAAAAH!!!
OJE, DAS MUSS JA EIN FURCHTBARER ALPTRAUM GEWESEN SEIN!

Dieser Strip sagte gleich zwei Entwicklungen voraus ... (siehe Seite 32 und 69)

NACHGETRETEN DER COMIC

GUTE VORSÄTZE FÜRS NEUE JAHR: BEI ASSAUERS
BEI HARTMANNS
BEI CALMUNDS
BEI NEURURERS

Peter N. (ganz rechts, zuletzt Hannover) ist der meistgefeuerte Trainer der Liga

NACHGETRETEN DER COMIC

WM 2006
AUSLOSUNG
DAS SCHÖNE AN DIESEN GALAS IST, DASS LEUTE NACH DEUTSCHLAND KOMMEN, DIE MAN SONST NUR SELTEN LIVE ERLEBEN DARF.
DU MEINST PELÉ, CRUYFF ODER PLATINI?
NEIN. ICH MEIN' DEN BUNDESTRAINER.

NACHGETRETEN DER COMIC

GRATULIERE, MICHAEL. SIEHT SO AUS, ALS HÄTTEST DU MIT DER VERPFLICHTUNG VON HANSPETER LATOUR GLEICH EINEN VOLLTREFFER GELANDET.
KÖLN
1. FC
DA SCHREIBEN DIE IGNORANTEN VON DER PRESSE, ER SEI VÖLLIG UNBEKANNT...
...UND JETZT MUSS DER MANNSCHAFTSBUS EINE HALBE STUNDE WARTEN, BIS ER ALLE AUTOGRAMMWÜNSCHE ERFÜLLT HAT.
ÄÄH, WOLFGANG...
DER LATOUR IST DER DA HINTEN, UND DER BUS FÄHRT NICHT, WEIL DIE FANS DEN BUSFAHRER BELAGERN.
BITTE HIER SIGNIEREN, HERR LATOUR!
HEE, ICH WAR ZUERST!
EINMAL "FÜR JESSICA"!
1. FC KÖLN

NACHGETRETEN DER COMIC

HERTHA BSC STELLT EINEN STRAFENKATALOG FÜR UNDISZIPLINIERTE SPIELER AUF
KAMERADEN BEISSEN ODER ANSPUCKEN: 10.000 EURO.
GRÜPPCHEN-BILDUNG: 15.000 EURO.
PRO SPIELER ODER PRO GRÜPPCHEN?
HMM... FEHLT NOCH WAS?
HALLI-HALLO!
MARCELINHO! DER HAT GERADE NOCH GEFEHLT.
HEY, ICH WOLLTE GLEICH EINEN MENGENRABATT MIT EUCH AUSHANDELN: FÜR UNBEHERRSCHTHEIT, VERSPÄTETES ERSCHEINEN BEIM TRAINING UND EIGENMÄCHTIGE URLAUBSVERLÄNGERUNG.
OKAY, VON 20.000 EURO. FÜR DUZEN VON RESPEKTSPERSONEN UND REINKOMMEN OHNE ANKLOPFEN!
SAGEN WIR... 20 PROZENT? OKAY?

AILTON: ERSTES TRAINING MIT DEM HSV!
UND ER WIRKT KÖRPERLICH FITTER, ALS ICH BEFÜRCHTET HABE.
OBWOHL ER SICH EIN BISSCHEN MEHR BEWEGEN KÖNNTE...
GUT, ES IST AUCH KEIN WETTER FÜR EINEN BRASILIANER.
MAN SIEHT JA KEINE 10 METER WEIT.
OKAY JUNGS, ES REICHT FÜR HEUTE!
?!
ENTWEDER ER HÖRT MICH NICHT, ODER ER LEGT WIRKLICH EINE SONDERSCHICHT EIN.
DA SAG NOCH EINER, DER JUNGE SEI FAUL UND UNDISZIPLINIERT...
HEEE, TONI, LASS GUT SEIN!
ÄÄH, TRAINER...
DAS DA HINTEN IST EIN SCHNEEMANN.
DER AILTON IST SEIT EINER HALBEN STUNDE UNTER DER DUSCHE.

»Kugelblitz« Ailton wird vom HSV bis zum Saisonende ausgeliehen

NACHGETRETEN DER COMIC

BRÜDERCHEN, ICH BRAUCH' DEINE HILFE.
DIE FANS FORDERN MEINEN KOPF, WEIL UNSERE STÜRMER DAS LEERE TOR NICHT TREFFEN...
...UND IHR KÖNNT ES EUCH LEISTEN, EINEN GUERRERO AUF DIE BANK ZU SETZEN!
KANNST DU MIR DEN NICHT BIS SAISONENDE AUSLEIHEN?
DU BIST GUT! WEISST DU, WAS DER BEI UNS VERDIENT?
BEI EUREM ETAT KÖNNT IHR BESTENFALLS UNSEREN **PLATZWART** AUSLEIHEN!
SCHIESST DER BEIDFÜSSIG?

NACHGETRETEN DER COMIC

JA, SIND DIE DENN JETZT VÖLLIG DURCHGEKNALLT??!!
Stiftung Warentest: WM-Stadien sind unsicher!
ICH HAB'S SATT! DIE DEUTSCHEN SIND EIN VOLK VON JAMMERERN UND MECKERERN!
UND DAS SCHLIMMSTE IST, DASS ICH SIE AUCH NOCH IN DER GANZEN WELT REPRÄSENTIEREN MUSS!
NA, DA HÄTTEN SIE JA GAR KEINEN BESSEREN FINDEN KÖNNEN:
DU BIST DOCH DEN GANZEN TAG AM MECKERN UND JAMMERN ÜBER GOTT UND DIE WELT.
?!
HEIDI?! AUCH NOCH DU?!
WOMIT HAB' ICH DAS VERDIENT?!
DAS IST NICHT MEHR MEIN LAND! ICH WANDERE AUS!!!
MANCHMAL VERGISST ER, DASS ER SEIT 25 JAHREN IN ÖSTERREICH LEBT...
...WEIL ER ÜBER DIE DEUTSCHEN STEUERN GEJAMMERT HAT.

Der WM-Organisationschef kritisiert Kritiker aller Art

NACHGETRETEN DER COMIC

LEHRGANG DER DEUTSCHEN NATIONALMANNSCHAFT
adidas
T Com
Bitbur
Bitburger
BEI DIESEN TREFFEN GEHT ES UNS VOR ALLEM DARUM, WERTE ZU VERMITTELN.
BÖRSENWERTE, WOHLGEMERKT...

NACHGETRETEN DER COMIC

MEINE DAMEN UND HERREN, DER NEUE DFB-SPORTDIREKTOR HEISST MATTHIAS SAMMER.
EIN MANN MIT FUSSBALL-STALLGERUCH!
DAS FEUER IST AUSGEBROCHEN. ICH WERDE MIT ALLER KAMPFESKRAFT ANGREIFEN.
ABER ICH WERDE NICHT MIT DEN HUFEN SCHARREN.
SAG MAL, GEHT'S HIER UM FUSSBALL ODER UM STIERKAMPF?
ACH, WENN MAN IHN REIZT, KANN ER JA GANZ SCHÖN WILD WERDEN, DER "BULLE VON DRESDEN".
WENN KLINSI DA NUR MAL NICHT ROT SIEHT...

NACHGETRETEN DER COMIC

GIPFELTREFFEN IN BERLIN
ES FREUT MICH, MEINE HERREN, DASS SIE MEINER EINLADUNG GEFOLGT SIND.
ES IST EINE EHRE FÜR UNS, FRAU ÄH... KANZLERIN.
SCHLIESSLICH HABEN WIR FUSSBALLER UND IHR POLITIKER JA VIELES GEMEINSAM HIERZULANDE.
UH-OH...
SIE MEINEN DIE HINGABE, DIE AUSDAUER UND DEN TEAMGEIST?
NEIN, ICH MEINE DIE HOHEN GEHÄLTER, DIE SCHLECHTEN UMFRAGEWERTE UND DIE SCHWARZGELD-AFFÄREN.

Nach der 1:4-Schlappe in Italien stärkt die Kanzlerin den Klinsmännern den Rücken

RIIIING!
SIEH AN, DER DFB.
WAS ICH HIER SO TREIBE?
IMMER IM DIENST, CHEF. ICH BEOBACHTE SCHON DEN GANZEN TAG UNSEREN NÄCHSTEN LÄNDERSPIEL-GEGNER:
DIE USA!
MALIBU

NACHGETRETEN DER COMIC

4:1 GEWONNEN! ABER WAS HAB' ICH GELITTEN IN DER ERSTEN HALBZEIT!
WÜRDE MICH NICHT WUNDERN, WENN ICH HEUTE DAS ERSTE GRAUE HAAR BEKOMMEN HÄTTE...
IRGENDEIN TRAINER HAT MAL GESAGT: EIN JAHR BUNDESLIGA KOSTET DICH FÜNF LEBENSJAHRE.
WIE DAS WOHL ERST BEI DER NATIONALMANNSCHAFT IST? BEI DEM ERFOLGSZWANG...
FÜR DEN JÜRGEN WAR DAS JEDENFALLS EIN SPIEL WIE JEDES ANDERE. DER LÄCHELT DEN GANZEN DRUCK EINFACH WEG.
WAS, JÜRGEN?
JÜRGEN?!!
HIHIHIHI!

Teile der Boulevardpresse rufen das USA-Länderspiel zu Klinsmanns »Schicksalsspiel« aus

KLINSMANN WILL UNS HEUTE MITTEILEN, WER BEI DER WM IM TOR STEHT.
MAN DARF GESPANNT SEIN.
ER MACHT JA AUS PRINZIP DAS GEGENTEIL VON DEM, WAS MAN ERWARTET. HAUPTSACHE, ER BRINGT ALLE GEGEN SICH AUF.
VOR EINEM MONAT HÄTT' ER GARANTIERT DEN LEHMANN NOMINIERT, NUR UM DIE BAYERN ZU ÄRGERN.
JETZT SCHWÄCHELT KAHN, UND ALLES RUFT NACH LEHMANN...
VIELLEICHT NIMMT ER DEN HILDEBRAND?
?!
ICH TRAU' IHM EINIGES ZU, ABER... SIEH AN, DA IST JA UNSER FREIGEIST!
HEL-LO AGAIN!
WER DEN ERFOLG WILL, MUSS BEREIT SEIN, NEUE WEGE ZU GEHEN.
UH-OH!
AUCH WENN ES IM DEUTSCHEN FUSSBALL IMMER TRADITIONALISTEN GEBEN WIRD, DENEN DAS SCHWERFÄLLT.
MEINE NUMMER EINS IM WM-TOR IST...
...DER TORWART DER HOCKEY-NATIONALMANNSCHAFT!

Hockey-Bundestrainer Bernhard Peters ist ein Klinsmann-Intimus

NACHGETRETEN DER COMIC

TITANENDÄMMERUNG
OLIVER KAHN
NATIONALTORWART VON 1995-2006

Die »T-Frage« wird zugunsten Jens Lehmanns entschieden

NACHGETRETEN DER COMIC

DAS IST BITTER.
DA BAUT MAN SICH 20 JAHRE LANG MÜHSAM ETWAS AUF, UND DANN MUSS MAN MITANSEHEN, WIE ES KAPUTTGEMACHT WIRD.
Kahn sagt Lehmann volle Unterstützung zu
Eine noble und sensible Geste
MACH DIR KEINE SORGEN, OLLI. BEI BAYERN HAST DU DEINEN STAMMPLATZ SICHER!
?
Olli - die Nr. 1 der Herzen!
ICH SORGE MICH NICHT UM MEINEN STAMMPLATZ...
Kahn: Vorbild und fairer Sportsmann!
ICH SORGE MICH UM MEIN IMAGE!
Der neue Kahn: sympathisch und bescheiden!

Oliver Kahn wird überall als fairer Verlierer gelobt

NACHGETRETEN DER COMIC

KARLSRUHE: NACH EINEM BGH-URTEIL DARF DIE FIFA NICHT MEHR EXKLUSIV MIT DER MARKE "FUSSBALL WM 2006" WERBEN
DER DÖNER DER FUSSBALL-WM 2006
DER SECOND HAND RAMSCH-LADEN DER FUSSBALL WM 2006
BILLIG! BILLIG!
SANITÄTSHAUS SIECH
NEU: DER STÜTZSTRUMPF DER FUSSBALL WM 2006
DER BRUCH-SLIP DER FUSSBALL WM 2006
Bei Erika DIE ÄNDERUNGS-SCHNEIDEREI DER FUSSBALL WM 2006
Bäckerei Klientzmann
DIE BREZEL
THEO TODT DAS BESTATTUNGS-INSTITUT DER FUSSBALL WM 2006
DER HANF SHOP DER FUSSBALL WM 2006
DER TATTOO SHOP DER FUSSBALL WM 2006
ANGEBOT: BECKHAM KOMPLETT 30 TATTOOS + 13 PIERCINGS
DIE PIZZA DER WM
HIER KOMMT DER KLEMPNER DER FUSSBALL WM 2006
JÜNTER JAUCH DIE MÜLL-ABFUHR DER FUSSBAL WM 2006
DAS HÜHNER-AUGENPFLASTER DER FUSSBALL WM
SUCHBILD: WO IST SEPP BLATTER?

NACHGETRETEN DER COMIC

SAG MAL, CALLI, DIESE GANZEN GERÜCHTE UM SPIELMANIPULATIONEN... ICH MEINE...
IST DENN DA IRGENDWAS DRAN?
RUDI! DU UND ICH, WIR KENNEN UNS JETZT SO LANGE.
SIEH MICH AN UND SAG MIR:
SEH' ICH VIELLEICHT SO AUS, ALS OB ICH ETWAS **AUSGEFRESSEN** HÄTTE?

Leverkusens Ex-Manager Reiner Calmund soll Millionenbeträge veruntreut haben

NACHGETRETEN DER COMIC

DER FC STEIGT SCHON WIEDER AB. EINE KATASTROPHE!
WIR MÜSSEN DEN FANS EINEN SÜNDENBOCK PRÄSENTIEREN, SONST SIND WIR SELBST DRAN.
DAS KENN' ICH NOCH AUS DORTMUND.
1. FC KÖLN
AN... AN WEN DENKST DU?
WENN DER KLUB STÄNDIG ABSTEIGT, KANN ES NUR EINEN SCHULDIGEN GEBEN:
ER STEHT AM SPIELFELDRAND...
...IST WEISSHAARIG, KOMMT AUS DER SCHWEIZ...
...UND SEIN NAME HAT SECHS BUCHSTABEN.
NA?
ABER... DAS KANN ICH DOCH NICHT MACHEN!
ICH HAB' IHM ERST GESTERN NOCH VERSPROCHEN, DASS ER BLEIBT.
AUSSERDEM LIEBEN IHN DIE FANS...
DU MUSST, WOLFGANG. ER ODER WIR!
NA, WENN DU MEINST...
LATOUR, PACKEN SIE IHRE SACHEN, SIE SIND GEFEUERT!
?!!
NEIN!!! ICH MEINTE DOCH HENNES, DAS MASKOTTCHEN!!!

Rudis One Man Show

Rudi Assauer verlässt Schalke nach insgesamt 18 Jahren als Manager

NACHGETRETEN DER COMIC

JÜRGEN, WIE MACHEN WIR DAS EIGENTLICH WÄHREND DER WM?
WAS MEINST DU, HONEY?
DU KOMMST DOCH AN DEN WOCHENENDEN HEIM?
?!
DEBBIE, DARLING... ICH HAB' DIR DOCH HUNDERTMAL GESAGT, DASS DIE DEUTSCHE ÖFFENTLICHKEIT...
ACH, DEUTSCHLAND! DU UND DEIN DEUTSCHLAND!
UND WIR, DEINE FAMILIE, BEDEUTEN WIR DIR DENN GAR NICHTS?!
TED, DER NACHBAR GEHT JEDEN SAMSTAG MIT SEINEN JUNGS ANGELN!
ALSO, ES IST JA GUT MÖGLICH, DASS WIR IN DER VORRUNDE RAUSFLIEGEN.
DANN KÖNNEN WIR DEN GANZEN JULI ANGELN GEHEN, UND DEN AUGUST, UND ÜBERHAUPT DIE GANZEN NÄCHSTEN JAHRE. OK?
ICH WILL LIEBER DIE GANZEN NÄCHSTEN JAHRE PLAYSTATION SPIELEN!
DAAAD, BRINGST DU MIR DAS TRIKOT VON EUREM QUARTERBACK MIT?
ALSO, DENK DRAN: WENN IHR RAUSFLIEGT, FLIEGST DU SOFORT HIERHER!
DAAAD, DENKST DU AN DAS TRIKOT?
BIN ICH FROH, WENN ICH WIEDER IN DEUTSCHLAND BIN...
...DORT HAB' ICH WENIGSTENS MEINE RUHE!

NACHGETRETEN DER COMIC

PATRICK OWOMOYELA WURDE AUS DEM WM-KADER GESTRICHEN.
JAAA!
HAHAAA!
SIEG!!! SIEG!!!
UNSERE HASS-KAMPAGNE HAT GEWIRKT!
KLINSMANN IST EINGEKNICKT!
DEUTSCHLAND DEN DEUTSCHEN, AUSLÄNDER R...
HE, SCHAUT MAL!
VÖLLIG ÜBERRASCHEND WURDE DAVID ODONKOR BERUFEN.
SCHON WIEDER NEUE TRANSPARENTE! WENIGSTENS IST DER NAME EINFACHER ALS DIESER OWO-DINGSBUMS.
HÖR AUF, ICH HAB' LANG GENUG GEBRAUCHT, BIS ICH "ASSAMOOA RAUS!" RICHTIG SCHREIBEN KONNTE...
Skin-Treff

Mitten in den Diskussionen um »No-Go-Areas« wird der definitive WM-Kader vorgestellt

NACHGETRETEN DER COMIC

ICH KANN´S NICHT GLAUBEN! ROST!!!
?!
FRANK ROST? DER KEEPER VON SCHALKE? SEIT WANN IST DER DENN IM WM-KADER?
KEINE AHNUNG.
NEIN, ICH MEIN´ DEN HUTH! DER SPIELT BEI CHELSEA SO WENIG, DASS ER ROST ANGESETZT HAT!

Mit dem Trainingslager auf Sardinien beginnt die heiße Phase der WM-Vorbereitung

NACHGETRETEN DER COMIC

DIESE GUMMIBÄNDER AUS AMERIKA MÖGEN JA EFFIZIENT SEIN...
ABER ICH WEISS NICHT, OB SIE BEI DEN SPIELERN SO GUT ANKOMMEN.
SCHAU DIR NUR MAL DEN NEUVILLE AN.
ABER DER GUCKT DOCH IMMER SO TRAURIG.
ICH FRAG MICH, OB...
HEE, OLIVER, KOMM MAL HER!
?!
DER FITNESS-COACH HAT GESAGT, DASS MAN MIT DIESEN BÄNDERN ALLE MUSKELGRUPPEN TRAINIEREN KANN...
...ALSO AUCH DIE IM GESICHT! HEY!
ARE YOU HAPPY, OLIVER?
GNGN.

NACHGETRETEN DER COMIC

SCHLOSSHOTEL GRUNEWALD. 42 ZIMMER UND 12 SUITEN. WENN ICH DRAN DENKE, WAS DAS ALLES KOSTET...
EIGENTLICH WÄREN WIR JA JETZT IN LEVERKUSEN EINQUARTIERT. BEI UNSEREN FREUNDEN VON BAYER.
ABER NEIN, DER KLINSMANN MUSSTE JA GANZ NAH BEIM ENDSPIEL-STADION SEIN.
WEGEN DER STIMMUNG ODER DER MOTIVATION ODER WAS WEISS ICH.
UND DER ZWANZIGER HAT NACHGEGEBEN.
WENN´S NACH MIR GEGANGEN WÄRE, HÄTT ICH ANDERS ENTSCHIEDEN.
DU MEINST, DU HÄTTEST KLINSMANNS WUNSCH NICHT ERFÜLLT?
DOCH.
ABER ICH HÄTTE DAS ENDSPIEL NACH LEVERKUSEN VERLEGT.

Das DFB-Team bezieht sein Hauptquartier in einem Nobelhotel im Berliner Grunewald

DU, SCHWEINI, KRIEGEN WIR EIGENTLICH SIEGPRÄMIEN, WENN WIR DIE VORRUNDE NICHT ÜBERSTEHEN?
?
NIMM MAL AN, WIR GEWINNEN GEGEN COSTA RICA UND VERLIEREN DANN ZWEIMAL UND SCHEIDEN AUS.
GIBT´S DANN ´NE SIEGPRÄMIE FÜR DIESES EINE SPIEL?
KEINE AHNUNG.
WEISST DU WAS? WIR FRAGEN MAL DEN KAHN ODER DEN NOWOTNY - DIE WISSEN DOCH, WIE´S BEI DER EURO 2000 UND 2004 WAR.
ICH BIN SO FROH, DASS WIR DEN OLLI UND DEN JENS DABEI HABEN. IHRE ERFAHRUNG IST UNERSETZLICH.
JA, DIE JUNGEN SUCHEN STÄNDIG IHREN RAT...

NACHGETRETEN DER COMIC

HEUTE ABEND IST DAS ERÖFFNUNGSSPIEL, UND ICH BIN NICHT DABEI...
KEVIN! JETZT HÖR BITTE MAL AUF!
ICH BIN AUCH NOCH DA, UND ICH WÜRDE MICH FREUEN, WENN DU MAL FÜNF MINUTEN LANG AN WAS ANDERES DENKEN KANNST ALS AN DIESE BLÖDE WM!
NUR WIR ZWEI, AN EINEM TRAUMSTRAND IN EINEM TROPISCHEN PARADIES! ICH HAB' DIESEN URLAUB GEBUCHT, DAMIT DU MAL VÖLLIG ABSCHALTEN KANNST!
DAS WAR JA LIEB VON DIR...
...ABER MUSSTE ES AUSGERECHNET COSTA RICA SEIN?

Das WM-Eröffnungsspiel Deutschland–Costa Rica findet ohne den ausgemusterten Kevin Kuranyi statt

NACHGETRETEN DER COMIC

UND HIER KOMMEN DIE ENGLÄNDER, ANGEFÜHRT VON DAVID BECKHAM... ...NACH MEINUNG UNSERER ZUSCHAUERINNEN DER MIT ABSTAND SCHÖNSTE SPIELER DES TURNIERS.
WEN INTERESSIERT DENN SO EIN BLÖDSINN?
KANN DENN DER BECKMANN NICHT ÜBER FUSSBALL REDEN?
UND WENN SCHON?
KANNST DU DIR EINE FRAU VORSTELLEN, DIE DIESEN LACKAFFEN SCHÖN FINDET?
WEN? DEN BECKMANN?
NEE, DEN BECKHAM.
HAHA! DIE MÜSSTE JA GANZ SCHÖN DANEBEN SEIN...
WUUUUUUUUU

NACHGETRETEN DER COMIC

WINNIE SCHÄFER VERHANDELT MIT TOGO!
ALSO: WO LIEGT DENN DAS PROBLEM?
DIE SPIELER WOLLEN 50.000 EURO PRO MANN!
GUT. VERSPRECHEN SIE IHNEN DAS DOPPELTE, UND PRO SIEG NOCHMAL 100.000.-
?!!
ABER... WIR HABEN DAS GELD DOCH GAR NICHT!
DARÜBER KÖNNEN SIE SICH NACH DER WM NOCH GEDANKEN MACHEN.
ICH WEISS, WOVON ICH REDE...
...ICH SITZE SEIT ZWEI JAHREN IM STADTRAT EINER DEUTSCHEN KLEINSTADT.

Wegen eines Prämienstreits ist Togo tagelang trainerlos

MANN, DA SIND WIR IN BERLIN, GANZ NAH AM GESCHEHEN, UND GERADE DANN, WENN'S ABENDS SO RICHTIG LOSGEHT, IST ZAPFENSTREICH!
UND WIR WERDEN AUCH NOCH RUND UM DIE UHR BEWACHT...
DAS WURDE DIE 74 ER MANNSCHAFT AUCH. SOGAR VON DER GSG 9.
ABER DER MAIER SEPP HAT MIR VERRATEN, WIE SIE ES TROTZDEM GESCHAFFT HABEN, ABZUHAUEN.
WIE??? SAG SCHON!!!
GANZ EINFACH: MIT PERÜCKEN!
UND JETZT RAT MAL, WAS IN DIESEM KOFFER HIER IST!
?!! SCHWEINI, DU BIST EIN GENIE!
ICH WEISS NICHT... DAS MAG JA IN DEN SIEBZIGERN FUNKTIONIERT HABEN, ABER...
SEI STILL, DA IST DER CHEF!
?
DAS KOMMT MIR IRGENDWIE BEKANNT VOR...
HÄRINGER

NACHGETRETEN DER COMIC

OH MANN, SCHAUT MAL DEN RONALDO AN! DER IST JA RICHTIG FETT GEWORDEN!
DER KANN SICH JA KAUM NOCH BEWEGEN. UND DIE MITSPIELER DÜRFEN DIE GANZE LAUFARBEIT FÜR IHN VERRICHTEN!
NA, DIE WERDEN SICH IHREN TEIL DENKEN.
ÄÄH, HERTHA, WENN DU NACHHER IN DIE KÜCHE GEHST, HOLST DU MIR NOCH EIN BIER?
WAS WILL ICH MEHR? DER KÖRPER VON RONALDO, KOMBINIERT MIT DEM CHARME VON RUDI ASSAUER.

NACHGETRETEN DER COMIC
OJEOJE, GEGEN POLEN KANN ICH NUR VERLIEREN...
WENN ICH SCHLECHT SPIELE, HEISST ES: "DER KLOSE HÄLT ZU SEINEN POLEN".
UND WENN ICH SIE ABSCHIESSE, BIN ICH IN POLEN EIN VERRÄTER.
BIN ICH JA SOWIESO.
ICH KÖNNTE MICH KRANK MELDEN.
ABER DANN FLIEG' ICH AUS DEM TEAM.
...UND ZURÜCK NACH POLEN GEHEN UND FÜR DIE SPIELEN KANN ICH AUCH NICHT...
BESSER SO. BEI MEINEM GLÜCK WÜRD' ICH BEIM NÄCHSTEN TURNIER GLEICH AUF DEUTSCHLAND TREFFEN.
OH MANN, IST DAS ALLES VERZWICKT.
DA KOMMT POLDI - DEM MÜSSTE ES JA ÄHNLICH GEHEN...
POLEN? DIE HAU'N WIR WEG!
DA MACH' ICH MIR KEIN' KOPP!
DENKT DER JETZT ZU WENIG ODER ICH ZU VIEL?

Klose und Podolski spielen gegen ihre alte Heimat Polen

NACHGETRETEN DER COMIC

BEIM STAMMTISCH DER KLINSMANN-KRITIKER
WART´S AB, LOTHAR: DIE VERLIER´N HEUT´ GEGEN ECUADOR, DANN GEHT´S GEGEN ENGLAND, UND DANN KÖNNEN´S NACH HAUSE FAHREN.
BERLIN! BERLIN!
WIR FAHREN
ICH VERSTEH´ DICH NICHT, SEPP!
DANN SETZ´ DICH HALT NÄHER HER ZU MIR! DIE ANDERN HUNDLINGE SIND EH´ ZUM FEIND ÜBERGELAUFEN!
UND MACH DAS FENSTER ZU! MAN VERSTEHT JA VOR LAUTER GEJUBEL SEIN EIGENES GEMECKERE NICHT MEHR!
NEIN, WAS ICH NICHT VERSTEHE IST, WARUM SIE NACH HAUSE FAHREN SOLLEN, WO SIE DOCH SCHON ZU HAUSE SIND...
...ABER IN LETZTER ZEIT VERSTEH´ ICH EH´ DIE WELT NICHT MEHR.
FRANZ
MARIO
EFFE

Außer Sepp Maier und Lothar Matthäus wagt kaum noch jemand offene Kritik an Klinsmann

¡OOÉÉOÉOÉOÉÉÉ!
¡VAMOS! ¡VAMOOOS!
TRÖÖÖÖT!
¡AR-GEN-TINA!
¡CAMPEOOONES! ¡OLÉOLÉOLÉE!
HEUTZUTAGE IST MAN NICHT MAL MEHR AUF DER EHRENTRIBÜNE VOR DEN PROLETEN SICHER!

Argentiniens Ex-Kapitän Maradona ist der größte Fan seiner Mannschaft

NACHGETRETEN DER COMIC

FRANKFURT, 15.00 UHR
KÖLN, 18.00 UHR
KAISERSLAUTERN, 21.00 UHR
KITZBÜHEL, 0.00 UHR
WELCOME! I AM FRANZ AND I HOPE YOU'RE HAVING A GREAT TIME!
NOCH 22 TAGE...

Dank eines Sponsorenhubschraubers ist der Ober-Organisator allgegenwärtig

ZAPP!
ZAPP!
ZAPP!
ZAPP!
ZAPP!
ZAPP!
ZAPP!
ZAPP!
AAAAAAAA!!
HÄRRINGER

NACHGETRETEN DER COMIC

DER LEHMANN SPIELT, UND DER BESTE TORWART DER WELT VERBRINGT SEINE DRITTE WM AUF DER BANK.
UND DAS SCHLIMMSTE IST: ICH DARF MIR NICHTS ANMERKEN LASSEN.
BIN JA NEUERDINGS DER LUSTIGE OLLI, DIE BETRIEBSNUDEL.
UND MEIN BERATER HAT DAMIT GLEICH EIN PAAR FETTE WERBEVERTRÄGE ABGEZOCKT.
NA JA, SOLANGE MIR KEINER DUMM KOMMT...
HOHOHOO, WEN HABEN WIR DENN DA?
OLLI, ALTE HÜTTE!
AUF DER BANK IST ES HALT DOCH AM SCHÖNSTEN, WAS?
GEHT´S NOCH?! DAS HAT EIN NACHSPIEL BEI UNSEREM SPONSOR!
LASST MICH! LASST MICH!
BRAV, OLLI! BRAAAV!

Waldi Hartmann und Oliver Kahn verkündeten vor der WM in einem Weißbier-Werbespot, dass es »auf der Bank am schönsten« sei

NACHGETRETEN DER COMIC

MICHAEL, DU PACKST ES!
YES!
YESSSS!
GEWONNEN! WIR HABEN GEWONNEN!!!
?
ER LEBT JA WIRKLICH JEDEN MOMENT INTENSIV MIT...
ICH BIN DAGEGEN EHER DER PRAGMATISCHE TYP.
DIVE!!!
FÜR MICH HAT DER GEWINN DER SEITENWAHL KEINE SO GROSSE BEDEUTUNG.
HEE, JÜRGEN, DAS SPIEL FÄNGT AN!

NACHGETRETEN DER COMIC

LETZTEN FREITAG, IN KAISERSLAUTERN
ZEIT FÜR EINEN ORTSWECHSEL.
WOHIN GEHT'S JETZT, CHARLY?
NACH BERLIN. UKRAINE - TUNESIEN, ZWEITE HALBZEIT.
SO EIN GURKENSPIEL! HÄTTE MAN DA NICHT MEINEN DOPPELGÄNGER HINSCHICKEN KÖNNEN?
ER SAGT, ER SEI HEUTE ANDERWEITIG EINGETEILT.
ACH JA? ICH WEISS VOR LAUTER TERMINEN GAR NICHT MEHR, WO MIR DER KOPF STEHT.
WELCHER TAG IST HEUTE EIGENTLICH?
DER 23.6.
DA WAR ABENDS NOCH IRGENDWAS...
NA JA, SO WICHTIG KANN'S JA NICHT GEWESEN SEIN.
WÄHRENDDESSEN, IN OBERNDORF BEI KITZBÜHEL
...ERKLÄRE ICH EUCH ZU MANN UND FRAU!
DAS IST DAS LETZTE MAL, DASS ICH VOM ARBEITSAMT WAS ANNEHME.
HOFFENTLICH KREUZT ER NOCH VOR DER HOCHZEITSNACHT AUF...

Mitten im WM-Stress heiratet Franz Beckenbauer seine Heidi

MANN, ICH WÜRDE SO GERNE MAL AUF DIE FANMEILE GEHEN...
...ABER BEI DEM HYPE UM UNS WÜRDEN WIR DORT GLATT ERDRÜCKT.
HMM... UM NICHT AUFZUFALLEN, MÜSSTEN WIR UNS SO VERKLEIDEN WIE DIE LEUTE DORT. DAS HEISST...
...GAR NICHT!
?!
SCHWEINI, DU BIST GENIAL!
JETZT WEISS ICH AUCH, WARUM KLINSI IMMER SAGT, WIR SOLLEN EINFACH WIR SELBST SEIN...

NACHGETRETEN

DER COMIC

DIE 22! DIE 22!
MOMENT, DAS IST... KEVIN KURANYI!
?!
HERR KURANYI, KRIEGEN WIR EIN AUTOGRAMM?
ÄH... ICH BIN DAVID ODONKOR.
ABER HIER IM PANINI-ALBUM STEHT, DASS KEVIN KURANYI DIE NUMMER 22 HAT!
WISST IHR, ALS DIESE ALBEN GEDRUCKT WURDEN, STAND NOCH GAR NICHT FEST, WER...
LASS IHN! DA KOMMT NOCH EINER!
DIE 12! DIE 12!
MOMENT, DAS IST...
?!
HERR LEHMANN, KRIEGEN WIR EIN AUTOGRAMM?

DER KAHN WIRKT, ALS KÖNNE ER KEIN WÄSSERCHEN TRÜBEN...
ABER ICH TRAU' IHM NICHT.
ER WÜRDE ÜBER LEICHEN GEHEN, UM ZU SPIELEN.
DA GIBT'S DOCH EINE ANEKDOTE AUS SEINER ZEIT ALS ERSATZ-TORWART BEIM KSC...
DIE DAMALIGE NUMMER 1 FÜRCHTETE, KAHN KÖNNTE IHM NACHTS EIN KISSEN INS GESICHT DRÜCKEN.
KANN ICH MIR LEBHAFT VORSTELLEN...
OB ER... OB ER WIRKLICH SO WEIT GEHEN WÜRDE? OB ER AUCH MICH...
QUATSCH! LEHMANN, DU SIEHST GESPENSTER!
JENS?
AAAAAH!
ZUM GLÜCK WAR'S NUR DER ZWEITE STOCK...
ICH SCHWÖRE, ICH HAB' NICHTS GEMACHT!
ER WAR PLÖTZLICH GANZ WEISS IM GESICHT, UND ICH WOLLT' IHM NUR EIN KISSEN BRINGEN...

NACHGETRETEN DER COMIC

?!
FIINAALE...OOEE!
UH-OH.
WOLKE 7
OFFICIAL CARRIER DER DEUTSCHEN NATIONALMANNSCHAFT
D-ARGENTINIEN IN BERLIN

EINE KATASTROPHE! GLEICH GEHT DAS SPIEL LOS, UND MARADONA HAT SEIN KOMMEN ANGEKÜNDIGT!
HIER, MITTEN UNTER UNSEREN WICHTIGSTEN SPONSOREN!
DIESER PROLET! NICHT AUSZUDENKEN, WENN ER AUCH NOCH ANFÄNGT ZU RAUCHEN...
KEINE SORGE, SEPP. WIR HABEN ALLES IM GRIFF.
ICH HAB' DEN FRANZ ZU IHM GESCHICKT.
DER SAGT IHM, DASS ER SICH BENEHMEN SOLL.
DU WEISST JA, WIE DAS IST, WENN EINE STARKE PERSÖNLICHKEIT AUF EINE SCHWACHE TRIFFT: DIE STÄRKERE ZWINGT DER SCHWÄCHEREN IHREN WILLEN AUF!
PLATZ DA, IHR SPIESSER! HIER KOMMEN DIE HAND GOTTES UND DIE LICHTGESTALT!
FIINAAAALE, OHEEEEE!
SEPP!

NACHGETRETEN DER COMIC

DER FUSSBALL WECKT BEI MANCHEN MENSCHEN EMOTIONEN, DIE ANSONSTEN WOHL FÜR IMMER VERBORGEN GEBLIEBEN WÄREN.
TOOOOO
ANGIE... IST DAS DIE FRAU VON MARA-DONA?
DIE DEUTSCHEN SIND DIE WEISSEN.
VOR ALLEM NACH DEM SCHLUSSPFIFF WERDEN DIESE EMOTIONEN INTENSIV GELEBT, OFTMALS UNTER EINBEZIEHUNG DER SITZNACHBARN.
WENN ICH´S DOCH SAGE: DAS WAR DIE KANZLERIN!
AM ARBEITSPLATZ BLEIBT DIE NEUE LEIDENSCHAFT ZUMEIST NICHT LANGE UNBEMERKT.
NACH DER STEUERERHÖHUNG IST VOR DER STEUERERHÖHUNG.
DER EURO IST RUND.
UND SCHWEINI IST DER HELLE WAHNSINN!
?!
?!
?!
UND IM PRIVATLEBEN WERDEN DIE PRIORITÄTEN NEU VERTEILT.
?
7
SCHWEINS
GOLEO VI.
QUANTEN CHEMIE HEUTE

NACHGETRETEN DER COMIC
WIR HABEN AUTOGRAMME VON ALLEN ENGLÄNDERN - DER EINZIGE, DER FEHLT, IST ERIKSSON, DER TRAINER.
ER IST SICHER BEI DER FIFA-GALA DORT IM HOTEL... LASS MICH MAL MACHEN!
REINLASSEN DARF ICH KEINEN. ABER ICH KANN VERSUCHEN, EUERN MANN HERZUHOLEN. BESCHREIBT IHN MIR MAL.
ALSO: HOHE STIRN, WEISSE HAARE, BRILLE...
...HAT SEIN MUNDWERK NICHT IM ZAUM...
...UND HAT STÄNDIG AFFÄREN MIT DEN SEKRETÄRINNEN SEINER ARBEITGEBER!
DAS WAR JA NICHT ALLZU SCHWER.
?!
?!
?!

NACHGETRETEN DER COMIC

EIN SPIEL SPERRE FÜR TORSTEN FRINGS!
UIUIUIUIUI! DAS WAR VIELLEICHT KNAPP!
SPIEL IN DIE GASSE!
PHILIPP! HINTERMANN!
ABSEITS! ABSEITS!!
EINFACH NUR SO DASITZEN...
...DAS HÄLT DOCH KEIN MENSCH AUS!
ICH WERDE WAHNSINNIG!
ICH BIN STAMMSPIELER!
ICH BIN NICHT FÜR DIE BANK GEMACHT!
ICH WAR NOCH NIE AUF DER BANK!
ICH GEH' KAPUTT AUF DER BANK!
ICH...
WAR IRGENDWAS?
NÖ.
WAS SOLL GEWESEN SEIN?
ALLES OK.
HIHIHI
MACHT SO LANGSAM RICHTIG SPASS, DAS "MANNSCHAFTSDIENLICH" SEIN...

NACHGETRETEN DER COMIC
CAPTAIN KLINSI UND LEUTNANT LÖW SIND FAST AM ENDE IHRER ZWEIJÄHRIGEN MISSION ANGELANGT. DA IST ER, DER GOLDEN GLÄNZENDE POKALMOND!
OBI
BAHN
ADIDAS
UNZÄHLIGE KRITIKER-METEORITENHAGEL MUSSTEN SIE FÜR IHN ÜBERSTEHEN. UND JETZT IST ER NUR NOCH ZWEI LICHTMINUTEN ENTFERNT!
DOCH DA! EINE FEINDLICHE UNTERTASSE, NEIN, EINE RIESIGE PIZZA MIT ELF AZURBLAUEN MÄNNCHEN FEUERT ZWEI TÖDLICHE SALVEN AB!
PIRLO
TOTTI
CAMORANESI
TONI
STILLE. AUS DEM WEISSEN NEBEL TAUCHT EINE MASSIVE, SCHWER ATMENDE GESTALT AUF.
WACH AUF, JÜRGEN. DU HAST NUR GETRÄUMT.
GRATULIERE! IHR HABT EINE TOLLE WM GESPIELT.
ICH BIN STOLZ AUF DICH, MEIN SOHN!
AAAH! DAS IST NICHT WAHR! DU BIST NICHT MEIN VATER!!!

Das 0:2 gegen Italien zerstört die deutschen Finalträume

NACHGETRETEN DER COMIC

MEIN MANN IST WIRKLICH DER PERFEKTE WM-GASTGEBER!
MANCHMAL WAR´S JA FAST ZUVIEL DES GUTEN: ZUERST IST ER IN ALLE 31 LÄNDER GEFLOGEN UND HAT SIE PERSÖNLICH EINGELADEN. ABER SO IST ER HALT.
UND DANN HAT ER SIE NOCH BEI FAST ALLEN SPIELEN PERSÖNLICH BETREUT.
ABER JETZT IST DAS GANZE JA BALD ÜBERSTANDEN...
...UND NÄCHSTE WOCHE GEHT´S AB IN DIE FLITTERWOCHEN, NICHT WAHR, FRANZ?
ÄH... WEISST DU, NÄCHSTES JAHR WÜRD´S MIR FAST BESSER PASSEN...
NÄCHSTES JAHR?!!
ICH MUSS ERST NOCHMAL IN DIE 31 LÄNDER FLIEGEN UND SCHAUEN, OB SIE GUT ZU HAUSE ANGEKOMMEN SIND...

NACHGETRETEN DER COMIC

TRAINER, WIR SIND IN EINEM MOTIVATIONS-LOCH.
DER TIM HAT´S JA GESAGT: IM SPIEL UM PLATZ 3 GEHT´S NUR UM DIE "GOLDENE ANANAS"...
?
WAS HEISST HIER "NUR"?! WISST IHR, WER DIE ANANAS ENTDECKT HAT? KOLUMBUS! EINE INNOVATION AUS AMERIKA, DIE MITHALF, DIE VERKRUSTETEN STRUKTUREN DER ALTEN WELT AUFZUBRECHEN!
NATÜRLICH RIEFEN DIE KRITIKER: "WIR BRAUCHEN KEINE NEUEN FRÜCHTE!"
DOCH SIE EROBERTE DIE HERZEN UND DIE MÄGEN IM STURM: ALS TOAST HAWAII, PIZZA TROPICALE ODER PINA COLADA!
ABER DIE ANANAS IST NOCH VIEL MEHR:
SIE IST DER GENIALE VERBAND VIELER EINZEL-BLÜTEN, DIE ERST ALS GANZES STARK SIND: GENAU WIE UNSER TEAM!
SIE IST DAS SYMBOL UND DIE FRUCHT UNSERER ARBEIT DER LETZTEN BEIDEN JAHRE! HABT IHR DAS KAPIERT?!
HABT IHR KAPIERT, DASS ES SICH DAFÜR ZU FIGHTEN LOHNT?!
ALS MOTIVATOR BIN ICH UNSCHLAGBAR, ABER DANACH FALL´ ICH IMMER SELBER IN EIN LOCH...
HER MIT DER GOLD´NEN ANANAS!
WIR WOLL´N DIE GOLD´NE ANANAS!

Der Psycho-Trick hat vor allem bei einem funktioniert: ein hochmotivierter Schweinsteiger schlägt Portugal fast im Alleingang

NACHGETRETEN DER COMIC

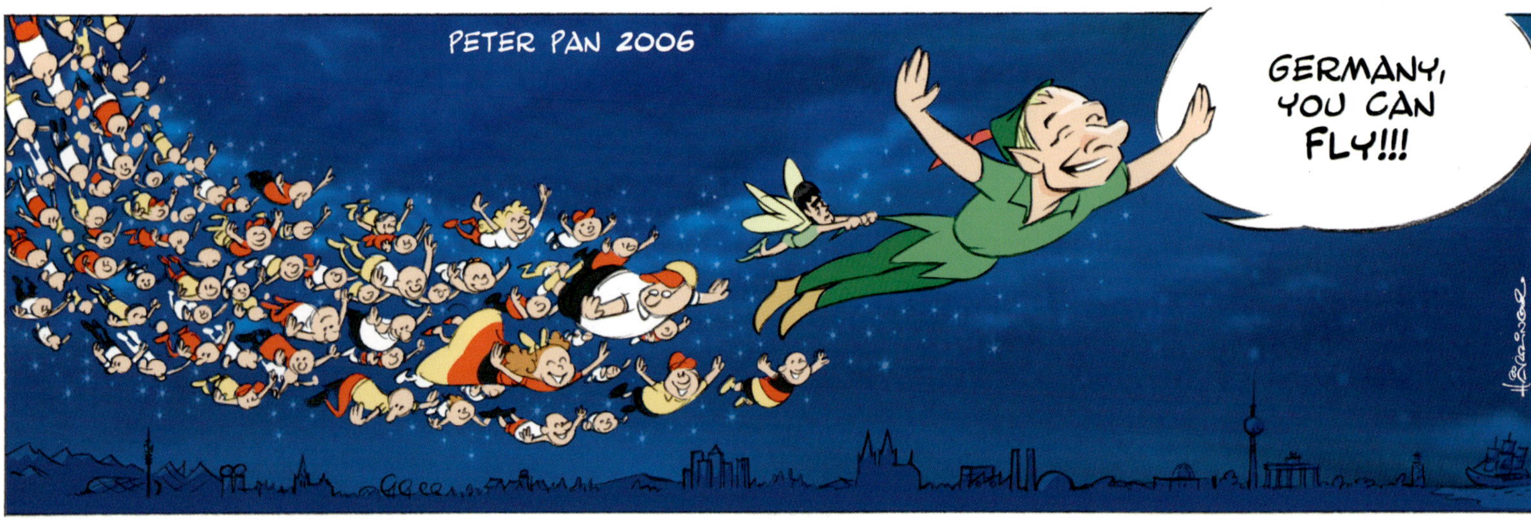
PETER PAN 2006
GERMANY, YOU CAN FLY!!!

NACHGETRETEN DER COMIC

WAS MACHEN SIE NACH DER WM?
ICH WIDME MICH MEINER GROSSEN LIEBE, DIE LEIDER IN LETZTER ZEIT VIEL ZU KURZ KAM:
DEM GOLFSPIEL!
DIE NEUEN FREUNDE
ERSTMAL GEHT'S FÜR ZWEI WOCHEN MIT DEN LEHMANNS IN DIE TOSKANA...
...UND DANN MACHEN WIR BEIDE NOCH EINEN HERRENABEND IN LONDON! WAS, OLLI?
DIE ALTEN FREUNDE
COOL! WAS IST DAS DENN?
BLEISCHUHE. ZUM TAUCHEN AUF DEN MALEDIVEN!
DIE KÖNNT IHR GLEICH BEIM WALDLAUF AUSPROBIEREN!
SCHWE
BAYERN
...UND DER ZEICHNER DIESES COMICS
URLAUB BIS ZUR EM 2008!
AM SAMSTAG LESEN SIE DEN NEUEN. WETTEN?
REDAKTIO

NACHGETRETEN DER COMIC

NEUES DEUTSCHLAND - WAS DIE WM VERÄNDERT HAT
DAS VERHÄLTNIS DER DEUTSCHEN ZU IHREM BUNDESTRAINER: VORHER
BLEIB IN KALIFORNIEN!
NACHHER
BLEIB BUNDES-TRAINER!
...ZU IHREN NATIONALSYMBOLEN: VORHER
WIDERLICH, DIESER BLINDE PATRIOTISMUS!
NACHHER
WIDERLICH, DIESER GESUNDE PATRIOTISMUS!
UND AUCH DAS DEUTSCHLANDBILD IM AUSLAND...
...WURDE NACHHALTIG KORRIGIERT!

NACHGETRETEN DER COMIC

ICH SAG´ IHNEN, DAS WAR GAR NICHT SO LEICHT, EINEN ASSISTENTEN FÜR MICH ZU FINDEN.
ALLE KANDIDATEN WOLLTEN SELBER TEAMCHEF SEIN UND MICH ALS ASSISTENTEN VERPFLICHTEN...
ABER DIE DFB-DATENBANK HAT IHN SCHLIESSLICH ERMITTELT:
THILO TREUDIENST, 40 JAHRE LANG CO-TRAINER BEI EINEM UNTER-KLASSIGEN VEREIN IM SAUERLAND.
GUT, ER IST KEIN GROSSER TAKTIKER.
UNTER UNS: DAS WAR DER JÜRGEN VOR ZWEI JAHREN AUCH NICHT.
ABER ER IST VON ALLEN DEUTSCHEN TRAINERN DERJENIGE, DER MICH AM EHESTEN ALS CHEF RESPEKTIERT.
ALSO. LEGEN WIR LOS?
ICH GEB´ ERSTMAL ´NE PRESSE-KONFERENZ.
STELLST DU SCHON MAL DIE HÜTCHEN AUF?

Nach Klinsmanns Rücktritt wird der Zauberlehrling zum Chef befördert

NACHGETRETEN DER COMIC
1984
EIGENTLICH WILL ICH GAR NICHT BUNDES-TRAINER WERDEN.
1994
EIGENTLICH WILL ICH GAR NICHT BAYERN-TRAINER WERDEN. UND PRÄSIDENT SCHON GAR NICHT.
1998
EIGENTLICH WILL ICH GAR NICHT DFB-VIZE-PRÄSIDENT WERDEN.
2000
EIGENTLICH WILL ICH GAR NICHT PRÄSIDENT DES WM-ORGANISATIONS-KOMITEES WERDEN.
2006
UND UEFA- ODER FIFA-PRÄSIDENT KOMMT ÜBERHAUPT NICHT IN FRAGE!
ICH WEISS GAR NICHT, WARUM SICH DIE LEUTE SO ÜBER HARTZ IV AUFREGEN...
SELBST DER BECKENBAUER MACHT SEIT 20 JAHREN NUR JOBS, DIE ER GAR NICHT WOLLTE.